NOTICE

LA VIE

DE S. MARCOUL

ET SUR SON PÈLERINAGE

A ARCHELANGE

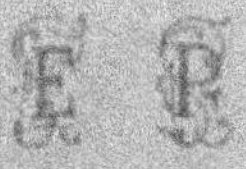

CITEAUX

IMPRIMERIE ET LIBRAIRIE DE SAINT-JOSEPH.

1879

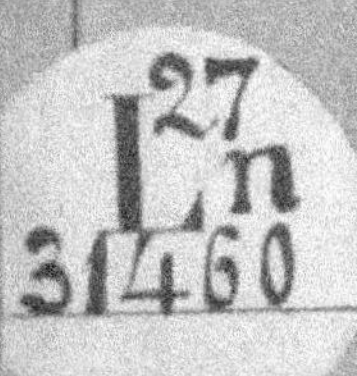

NOTICE

SUR

LA VIE

DES. MARCOUL

ET SUR SON PÈLERINAGE

A ARCHELANGE

CITEAUX

IMPRIMERIE ET LIBRAIRIE DE SAINT-JOSEPH.

1879

Imprimatur

S⁏ Claudii 17 Martii.

A. D. 1879

† LUDOVICUS ANNA

Episcop. S. Claudii.

VIE DE S. MARCOUL

ABBÉ DE NANTEUIL.

CHAPITRE I.

Saint Marcoul naquit à Bayeux, vers l'an 490 de l'ère vulgaire. Saint Félix II occupait à Rome le siége de saint Pierre : Clovis avec ses Francs commençait la conquête des Gaules. La famille de notre saint, riche et de grande noblesse, le fit élever avec soin dans les sciences et dans la piété. Ce fut sous les regards de sa bonne mère qu'il s'essaya à la pratique des vertus qui devaient tant illustrer son nom.

Aux joies que goûtait Marcoul dans l'accomplissement du devoir, Dieu ajouta de bonne heure l'amertume de vives douleurs. Il perdit successivement son père et sa mère. Seul désormais, au milieu d'un monde dont il avait appris à redouter les faux plaisirs, il se consacra entièrement à l'amour de Dieu et mit tous ses soins à l'étude des saintes lettres et à sa perfection spirituelle. Déjà nous le voyons se dévouer sans partage au service des malades et des pèlerins, en qui il reconnaissait les membres souffrants de Jésus-Christ.

Tous ceux qui venaient à lui, il les recevait avec une bonté tendre et respectueuse, et il s'ingéniait pour découvrir ceux que la timidité ou la honte laissait seuls aux prises avec le dénuement et la misère.

A cette compassion pour le malheur, notre saint unit bientôt l'amour de la pénitence et de la mortification. Il châtiait cruellement sa chair et prenait à peine assez de nourriture et de repos pour se soutenir au milieu de travaux incessants. La pénitence et la charité sont les deux grandes vertus qui caractérisent toute sa vie extérieure

Voici d'ailleurs le portrait qui nous a été laissé de ce saint. Marcoul était frêle, d'une petite taille et d'une santé délicate. Sa physionomie était franche et ouverte ; tout son extérieur était douceur et reflettait la grande beauté de son âme. Ferme autant que modeste, instruit autant que prudent, il était d'un accès facile et d'une aimable gaîté.

Déjà notre Saint touchait à sa vingt-cinquième année, quand Dieu lui fit comprendre le sens de ces paroles : Vendez tout ce que vous avez, donnez-le aux pauvres et suivez-moi. Disciple généreux et fidèle, il distribua sans retard ses grandes richesses, pour devenir lui aussi pauvre et pèlerin. Et c'est ainsi qu'il plut à Dieu de le préparer à l'apostolat qui allait lui être confié.

Coutances avait alors pour Evêque saint Possesseur dont les vertus étaient connues au loin. L'Eglise, cette sainte épouse du Christ, était déchirée par les hérésies.

De funestes erreurs s'étaient répandues dans les contrées occidentales des Gaules et le saint Evêque de Coutances gémissait cruellement sur la perte des âmes. Dieu se laissa enfin toucher par les larmes et les prières de son serviteur et il lui envoya Saint Marcoul comme un fils destiné à partager ses travaux. Aussi saint Possesseur le reçut-il avec la plus grande joie. Il l'initia aux secrets du ciel sur les âmes et l'éleva à la dignité sublime du sacerdoce. C'était en 522 et notre saint avait plus de trente ans. Après son ordination, on lui confia la charge d'évangéliser le pays de Coutances. Saint Marcoul s'occupa de cette fonction avec un zèle infatigable et un succès toujours croissant. Ses discours pleins de force et d'onction portaient la lumière dans les esprits, touchaient les cœurs, et le faisaient regarder comme un véritable apôtre.

On accourait en foule à ses instructions, et on s'en retournait toujours converti et édifié. Ce qui rendait ses instructions si efficaces, c'était la sainteté de sa vie unie à la charité la plus ardente pour les pauvres et pour les pécheurs. Les premiers avaient toute son affection, il pourvoyait à tous leurs besoins et il redoublait encore de soins et d'attention, quand ils étaient malades. Les autres trouvaient en lui un père un ami toujours prêt à les encourager et à les consoler. Comme saint François de Sales, il ne voyait en eux que les heureux effets de la grâce et de la miséricorde de Celui qui est venu sur la terre pour sauver tout ce qui était perdu. De plus, Dieu, en le faisant apôtre, lui avait communiqué le don des miracles : après Jésus-Christ, il pouvait donc dire à ses auditeurs : « Si vous ne croyez pas à mes paroles, croyez du moins à mes œuvres. « Il rendait la vue aux aveugles, la parole aux muets et l'ouïe aux sourds. Sa seule bénédiction guérissait les boiteux, les paralytiques, les scrofuleux et tous ceux qu'une maladie longue et inconnue, retenait sur un lit de douleur. C'est pourquoi nous pouvons résumer en ces quelques mots tout l'apostolat de notre Saint; ses paroles éclairent, ses exemples édifient les peuples, ses miracles confirment sa mission, et les païens se convertissent, les hérétiques renoncent à leurs erreurs, les pécheurs sont rendus à Dieu et à la vertu.

Telles étaient les œuvres de salut qu'opérait saint Marcoul, quand Dieu, par une révélation spéciale, lui fit connaître ses nouvelles vues sur lui. Une nuit, pendant qu'il accordait un instant de repos à son corps brisé par les fatigues du ministère évangélique, un ange, resplendissant de lumière lui apparut et lui dit; « Paix soit avec toi, serviteur de Jésus Crucifié, que ton courage ne défaille pas; achève ton entreprise; Dieu réserve à ta persévérance et à tes nobles efforts, de magnifiques récompenses, va demander au roi Childebert la terre de Nanteuil; tu y établiras un monastère à la gloire du souverain maître. Sois sans aucune crainte car je t'aplanirai les voies. »

Saint Marcoul se réveille, se lève aussitôt, choisit pour l'accompagner deux hommes pieux et dévoués, Cariulphe et Domard, puis il se met en devoir d'accomplir la volonté du Très-Haut

Childebert, fils de Clovis, était roi de Paris, sa cour était à Pontoise. C'était, à la vérité, un homme ambitieux et cruel : dans plusieurs de ses actes on ne reconnait que trop les restes de la sauvage éducation d'un barbare. Cependant, il était rempli de foi, et cette foi chrétienne, en adoucissant sa férocité native, lui faisait grandement respecter la religion et ses ministres.

Il était alors avec la reine son épouse et un grand nombres de courtisans, dans le temple du Seigneur, pour y assister à la sainte Messe. Notre Bienheureux y entra et se confondit au milieu du peuple. Il était à peine en prière, que plusieurs possédés du démon, commencèrent à se rouler sur le pavé de l'église et à se déchirer avec fureur en disant : « Grâce, serviteur de Dieu, ta présence nous fait trop souffrir. N'est-ce pas assez de nous avoir chassés d'un pays que nous occupions en maîtres ? Pourquoi nous poursuivre jusqu'ici ? » A ces mots, l'assistance est effrayée ; chacun demande quel est celui dont les démons proclament si haut le mérite et la puissance. On cherche de toutes parts et bientôt on trouve notre Bienheureux prosterné à terre, dans le recueillement le plus parfait.

On l'entoure aussitôt et on le conduit au roi qui,

désirant le voir depuis longtemps l'acueillit avec grande joie. Quand Childebert et la reine Ultrogade se furent inclinés devant lui, le prince lui demanda d'où lui venait l'honneur de posséder un tel serviteur de Dieu. « Je suis venu, répondit notre Saint, du pays de Coutances, vous demander au nom de Dieu, la terre de Nanteuil. Là, je dois bâtir un monastère à la gloire de son nom. »

Le roi fut rempli d'allégresse et il le conjura de rendre la santé à ces pauvres possédés. Saint Marcoul se prosterna à terre, et, pendant qu'il priait, les démons vaincus sortirent en poussant des cris de fureur et des hurlements de rage. Ce miracle devait suffire pour convaincre Childebert. Il accorda donc tout ce qui lui était demandé ; une ordonnance royale assura au Bienheureux et à ses moines, à perpétuité, la terre de Nanteuil avec ses dépendances et ses revenus. Il l'y fit ensuite conduire par un seigneur illustre appelé Léonce, auquel il donna l'intendance des bâtiments du nouveau monastère.

Aussitôt que saint Marcoul fut arrivé sur cette terre qu'il tenait de la générosité du roi, il s'empressa d'y élever un modeste oratoire ainsi que quelques cellules pour abriter les disciples qui viendraient vivre sous sa conduite.

L'oraison, l'office divin, les saintes lectures, le travail des mains, la mortification et le silence, l'obéissance et la pauvreté, tels sont les grands devoirs de l'état monastique. Saint Marcoul les inculqua profondément dans l'esprit de ses frères, il les leur fit aimer et pratiquer avec fidélité. Nanteuil devint bientôt une abbaye florissante.

Toutefois, quelque sainte que fût une pareille vie, elle ne pouvait suffire à satisfaire le zèle du Bienheureux pour la mortification. C'est pourquoi, aux approches du carême, il se retirait dans une île voisine. Il avait pour demeure une misérable hutte qu'il avait construite et dans laquelle il se livrait aux plus rudes exercices de la pénitence ; passant deux ou trois jours sans manger, ne reposant que sur la terre nue avec une pierre pour chevet.

On rapporte que c'est dans cette île, que saint Marcoul, en qui tout rappelait les vertus du grand saint Antoine, fut soumis à des épreuves non moins rudes que celles de ce patriarche de la vie cénobitique. Mais ce fut en vain que le démon eut recours à tous les artifices de la séduction ; notre fervent solitaire demeura toujours ferme et invincible. La malice du démon ne servit qu'à faire briller davantage sa sainteté, à augmenter son crédit auprès de Dieu et à lui donner plus d'ascendant sur ses religieux et sur les peuples, pour former les premiers à la perfection et gagner les autres à Jésus-Christ.

Les soins que saint Marcoul donnait à son monastère et à la direction spirituelle de ses enfants ne l'empêchaient point de porter au loin la bonne nouvelle. Il résolut de parcourir la Bretagne et d'y prêcher l'Évangile. Il annonça donc cette nouvelle à ses religieux, puis, malgré leurs larmes, il partit accompagné seulement du saint prêtre Romard à qui il n'avait pu refuser la permission de le suivre. Au sortir de Nanteuil, il commença à prêcher les grandes vérités de la religion, et parcourut ainsi la Bretagne, éclairant les païens, convertissant les hérétiques, et affermissant les fidèles dans la vraie foi.

Durant cette grande et pénible mission, s'étant retiré dans une île nommée alors Agna, afin d'y rafraîchir son âme dans la solitude et la prière, saint Marcoul y retrouva un de ses plus chers disciples appelé saint Hélier. Notre bienheureux l'avait autrefois baptisé de sa main et l'avait initié à la perfection de la vie religieuse. Aussi, que l'on juge du bonheur que dut éprouver le disciple, en revoyant un si bon maître! Celui-ci et son compagnon saint Romard s'unirent au vénérable ermite pour glorifier Dieu et s'entr'aider dans la pratique de la vertu. Ensemble ils priaient, jeûnaient et châtiaient leurs corps. Pendant qu'ils jouissaient des délices de cette douce fraternité, trois mille pirates Saxons apparurent tout à coup en face de l'île pour s'emparer des récoltes et des troupeaux. C'était une de ces hordes de barbares qui se ruaient sur les débris de l'empire Romain. Comment dépeindre l'effroi des habitants! Résister était impossible; ils étaient trente à peine contre trois mille. Quant à fuir, il ne fallait pas y penser, puisque les flots de l'Océan les environnaient de toutes parts. En cette détresse extrême, ils accoururent en toute hâte à la cellule où priait notre Saint et ils le conjurèrent de les prendre en pitié et de les arracher à la mort. « Rassurez-vous, mes enfants leur dit-il, Dieu va combattre pour vous; cette grande multitude d'ennemis disparaitra plus vite que la poussière devant la face des vents. Allez sans crainte, il n'est pas difficile au Tout-Puissant de sauver les siens. » Il les bénit du signe de la Croix et leur promit une victoire complète au nom de Jésus-Christ seul Dieu des batailles.

Cependant les pirates s'élancent avec des cris sauvages, mais dès que quelques-uns ont touché le rivage, une effroyable tempête s'élève; leurs barques rejetées en pleine mer, battues par des vagues furieuses se heurtent, s'entrechoquent et se brisent avec fracas. Les habitants, à qui une si évidente intervention du Ciel a rendu du courage, se précipitent sur ceux qui sont à terre et les massacrent jusqu'au dernier. Pendant ce temps, le Bienheureux, comme un autre Moïse, priait les bras en croix et la face contre terre. C'est dans cette posture que le trouvèrent les insulaires, quand ils vinrent lui témoigner la grandeur de leur reconnaissance. Le seigneur de l'île lui en offrit une partie, en action de grâces pour son heureuse délivrance des barbares, et notre saint l'accepta pour y bâtir un monastère. C'est également à cette époque qu'il en fonda un autre dans l'île de Jersey.

Cette île, depuis longtemps la proie des pirates était l'effroi des alentours. Le saint Evêque de Coutances qui désirait la conquérir à l'Eglise, chargea saint Marcoul d'y annoncer l'Evangile. Il le fit avec tant de zèle qu'il convertit en peu de temps la plus grande partie de ces hommes de meurtre et de pillage, et c'est pour assurer leur persévérance qu'il bâtit au milieu d'eux un monastère confié à la direction de saint Hélier.

Quand il eut enfin parcouru la Bretagne entière, y prêchant Jésus-Christ et établissant des couvents, il pensa alors à ses chers disciples de Nanteuil qui le pressaient depuis longtemps de revenir au milieu d'eux. Ce fut durant ce trajet qu'il vit un jour accourir à sa rencontre un seigneur nommé Génard portant dans ses bras son jeune fils qui venait d'être mordu par un animal enragé. « Ayez pitié de moi, grand serviteur de Dieu, lui dit ce père désolé ; au nom du Seigneur, bénissez mon enfant, touchez-le seulement du doigt et, j'en ai la ferme confiance, il sera guéri. » Le Bienheureux touché de compassion leva les yeux au ciel, ferma les blessures béantes, et l'enfant fut aussitôt guéri par la vertu mystérieuse d'un pareil médecin.

De retour à Nanteuil, notre Saint s'informa si la ferveur ne s'était point ralentie durant son absence et, comme les ressources de son monastère ne pouvaient plus suffire au grand nombre de religieux qui s'étaient mis sous sa conduite, il résolut d'aller trouver Childebert, afin de lui demander de nouvelles terres. Car, remarquons-le bien, si les terres étaient nécessaires à la subsistance des moines, ceux-ci n'étaient pas moins nécessaires à la prospérité des Gaules. Depuis les invasions des barbares et les massacres qui en avaient été la suite, la plupart des terrains cultivés avaient été abandonnés; là où l'on voyait jadis de brillantes moissons, on ne découvrait plus que l'eau fétide des marais ou les grands arbres de sombres forêts. Pour les rendre à leur état primitif, il ne fallait rien moins que le le prodige de la persévérance des moines dans le travail. Que l'on en rie tant qu'on voudra, que l'impiété se raille de leurs pauvres robes de bure, il n'en est pas moins vrai qu'ils ont été et qu'ils sont encore les bienfaiteurs désintéressés de l'humanité. Saint Marcoul prit donc la route du château royal de Pontoise, en compagnie des saints Domard et Cariulphe. Comme il approchait du terme de son voyage, il s'assit sur les bords de l'Oise pour se reposer quelques instants de ses fatigues. Tout à coup, il entendit un grand bruit de chasse, et un lièvre poussé par une meute ardente, vint se réfugier sous sa robe. Les chasseurs l'ayant obligé de le lâcher, le pauvre animal regagna son gîte, pendant que les chiens et les chasseurs demeuraient immobiles, retenus qu'ils étaient par une puissance invisible. Un de ces cavaliers voulut pousser son cheval à force d'éperons ; mais il fut renversé par terre et son flanc fut ouvert par une horrible blessure. Le Bienheureux saint Marcoul touché de son état, malgré les injures qu'il en avait reçues auparavant, s'approcha de lui, fit sur lui le signe de la croix et le rendit à une parfaite santé.

Les autres chasseurs émerveillés par ce prodige, coururent le raconter au roi. Childebert, à ce trait, reconnut aisément le saint abbé de Nanteuil et il s'empressa d'aller à sa rencontre. Quand il l'eut rejoint, il le salua respectueusement, implora sa bénédiction et lui demanda quel était l'objet de sa nouvelle démarche auprès de lui. « Le Seigneur a béni son œuvre, répondit saint Marcoul, la famille religieuse que j'ai établie par son ordre et aidé de vos largesses, gracieux prince, s'est accrue de jour en jour ; maintenant, les ressources ne suffisent plus et c'est la crainte de voir l'indigence attiédir la ferveur et ruiner nos abbayes qui m'a fait entreprendre ce long voyage. J'espère en votre puissante protection. »

Le roi charmé de cette pieuse demande ajouta de nouvelles terres à celles qu'il avait déjà données, et fit rédiger des lettres scellées de son sceau, pour assurer au saint abbé et à ses successeurs, la paisible jouissance de toutes les terres qu'il avait reçues pour ses divers monastères.—Sûr désormais de l'avenir de ses enfants, notre saint bénit le roi, la reine et les seigneurs, puis il reprit le chemin de Nanteuil, glorifiant Dieu et lui rendant grâces de l'heureux succès de son voyage.

De retour dans son monastère, saint Marcoul ne le quitta plus jusqu'à sa mort. Malgré ses infirmités, il mena la vie commune jusqu'à ses derniers moments. Les fatigues de sa vie d'apôtre et les austérités de sa vie de moine l'avaient épuisé, néanmoins, toujours il demeura fidèle aux saintes lois du cloître, employant ses journées et ses longues veilles à l'oraison, à l'office du chœur et à l'instruction de ses frères. Aussi tous l'aimaient comme leur père et l'écoutaient comme leur oracle.

Ce fut quelque temps après son dernier voyage à Pontoise qu'il ferma les yeux aux deux fils aînés de sa grande famille religieuse, aux saints Domard et Cariulphe.

Comme il sentit également que sa fin n'était pas éloignée, il s'y prépara paisiblement avec toute la joie qu'éprouve l'exilé qui touche au rivage de la patrie. Aussitôt que l'on connut la nouvelle de cette maladie qui devait être la dernière pour notre saint, ses religieux et un grand nombre de séculiers se hâtèrent d'accourir afin de recevoir, avec son dernier soupir, les derniers conseils de sa piété. Saint Lô lui-même, évêque de Coutances, depuis la mort de saint Possesseur vint aussi le visiter et tint à honneur de l'assister dans le suprême combat.

Quand Saint Marcoul vit réunis autour de sa couche, ces moines dont il avait reçu les vœux, il les fit approcher, leur donna joyeusement le baiser de paix et les exhorta vivement à demeurer fidèles jusqu'au jour de la visite du Seigneur. Veillez et priez, leur disait-il, afin d'être forts contre les embûches de l'antique serpent qui s'efforcera tous les jours de vous séduire et de vous entraîner dans l'abîme du péché. Cette vie passe comme l'ombre, courage et confiance, il est bon d'être à Dieu, oui, croyez-moi, il est bon de l'aimer.

Comme tous pleuraient en entendant les dernières recommandations de ce tendre père il ajouta : Pourquoi pleurer, mes chers enfants, ma tâche est achevée : ne me retenez pas, laissez mon âme s'affranchir de la servitude, rendre mon corps à la terre et gagner la maison paternelle. Après ces parole il laissa retomber sa tête, pria longtemps le Seigneur, puis, après avoir béni encore une fois les assistants, il s'endormit dans le sein de Dieu. C'était le premier Mai de l'an 558, il avait vécu 68 ans. — Saint Lô qui, plus que tout autre, comprenait la perte que venait d'éprouver son diocèse, présida lui-même aux funérailles, au milieu d'un concours innombrable de fidèles dont la douleur se confondait avec celle des religieux.

S'il fut en saint Marcoul un don qui lui assura la confiance et l'affection des peuples, ce fut sans aucun doute, l'admirable pouvoir qu'il avait pour guérir les écrouelles. Cette maladie hideuse est une des plus tristes qui désolent l'humanité. Elle corrompt jusqu'aux sources de la vie, se transmet des parents aux enfants et cause des ravages devant lesquels la science est souvent obligée d'avouer son impuissance. Une fois qu'il en est atteint, le malade devient sombre, inquiet et languissant. Son corps se gonfle ordinairement autour du cou, ses chairs s'amollissent, se creusent et se décomposent. Si une plaie se ferme, une autre s'ouvre ailleurs et y cause de fâcheux désordres. En cet état, le malade végète quelque temps, en attendant que la mort vienne achever l'œuvre de destruction si bien commencée par cette effroyable peste. Du temps de saint Marcoul, cette maladie était fort répandue, elle trouvait de puissants auxiliaires de diffusion dans le libertinage et la débauche de ces temps agités.

Or, notre Bienheureux guérit un nombre immense de ces pauvres infirmes, surtout dans ses courses apostoliques. Aussitôt que saint Possesseur l'eut choisi pour évangéliser le pays de Coutances, cette admirable prérogative de notre Saint se révéla. Il rend à la santé, avec une étonnante facilité, ceux que des maladies inconnues affaiblissaient, tenaient couchés dans leur lit ou privaient de l'usage de leurs membres, en un mot, tout ceux qui étaient atteints d'écrouelles. Pour celà, il lui suffisait de prier pour eux, de toucher leurs plaies ou de les bénir du signe de la croix. C'est là ce qui explique la grande réputation de saint Marcoul dans les Gaules, et ce qui fait appeler ce mal terrible; *le mal de saint Marcoul*. On l'a appelé aussi *le mal royal*, à cause de l'insigne privilége qu'ont eu les rois de France de le guérir par le seul attouchement de leurs mains. L'existence de ce pouvoir ne saurait être révoquée en doute. Nous avons à cet égard le témoignage de saint Thomas d'Aquin, qui en parle comme d'un fait certain et admis sans conteste. Guibert, abbé de Nogent écrit à ce sujet:« Que dirai-je du miracle journalier qne nous voyons opérer au roi Louis notre maître? (Louis VI le gros). J'ai vu ceux qui ont des écrouelles à la gorge ou ailleurs, venir par troupe se faire toucher de lui. Je sais bien que le roi d'Angleterre n'ose faire la même chose. » André du Laurent, médecin de Henri IV, nous dit aussi : « N'est-ce pas une chose merveilleuse qu'une maladie rebelle et souvent incurable, j'entends les écrouelles, soit guérie par le seul attouchement des rois de France très-chrétiens. Or, cette faculté éclate et reluit en notre roi Henri quatrième. »

Toutefois, une tradition respectable établit qu'ils n'ont obtenu cette insigne faveur que par les mérites de saint Marcoul. Ce qui prouve la certitude de cette tradition, c'est qu'autant la France a eu de monarques consacrés à Reims, autant saint Marcoul a vu de têtes couronnées prosternées à ses pieds, écrit Dom Oudard Bourgeois, prieur de Corbeny.

L'histoire atteste également que, jusqu'à Charles X, les rois de France ont regardé comme un devoir de révérer les reliques de ce grand saint, avant de toucher les malades accourus pour obtenir leur guérison.

Et c'est ainsi que dans tous les temps, Dieu s'est

plu à manifester la puissance du Bienheureux Marcoul, afin d'encourager les malades à compter sur un saint qui saura bien aujourd'hui comme autréfois, sauver ceux qui ont mis en lui leur confiance.

CHAPITRE II.

PÈLERINAGE AUX RELIQUES DE S. MARCOUL
A ARCHELANGE.

Les reliques de Saint Marcoul reposèrent à l'abbaye de Nanteuil, jusque vers la fin du IX siècle. A cette époque, la paix qui avait toujours protégé son tombeau, la prière des religieux et la dévotion des pèlerins, fut violemment troublée par les ravages des Normands dans cette partie de la France connue alors sous le nom de Neustrie.

Charles II (le Chauve), trop faible pour les arrêter, s'était réfugié dans son palais de Corbeny, dans le Soissonnais. A l'approche de cette horde sauvage qui semait partout l'épouvante et la mort, les moines de Nanteuil s'enfuirent auprès du roi de France, emportant avec eux les reliques de leur saint fondateur. Charles II les reçut avec bienveillance et fit bâtir quelque temps après un monastère pour conserver à Corbeny le corps de Saint Marcoul. L'abbaye de Nanteuil et ses vastes dépendances avaient été la proie des flammes. Tant que Nanteuil posséda les reliques du saint abbé, ce fut là qu'accourut la foule des pèlerins ; depuis leur translation

ce fut Corbeny qui devint le rendez-vous des pieux
fidèles, et, à l'exemple de ce bourg privilégié,
toutes les Eglises qui reçurent dans la suite des
reliques de ce grand Saint.

Parmi ces Eglises, il faut compter celle d'Archelange dans l'arrondissement de Dole au diocèse
de Saint-Claude.

Voici, en effet, ce que nous lisons à cet égard
sur un manuscrit en parchemin conservé dans
une famille de la paroisse :

*Extrait collationné aux originaux des con-
cessions, attestations authentiques et approba-
tions des reliques du glorieux saint Marcoul,
qui reposent en l'église d'Archelange.*

« Je, André Meurgey, prêtre curé de Jouhe-les-Dole, Diocèse
« de Besançon, au comté de Bourgogne, certifie à tous
« qu'Antoine Courtot, d'Archelange, mon paroissien est chré-
« tien et catholique, et a reçu à ses Pâques derniers la sainte
« Hostie et n'est détenu en aucune sentence d'excommunie-
« ment, lequel a promis de faire le voyage du glorieux Saint
« Marcoul, et n'en peut faire ledit voyage sans l'aumône des
« bonnes gens, car ainsi l'a promis, et pour cela, il plaira à
« tous Recteurs d'Eglise le recommander, et en cas de
« nécessité luy administrer les sacrements de l'Eglise, excepté
« mariage, le cas avenant de mort qu'il soit enterré en terre
« sainte. »

« *Donné sous mon seing manuel, cy aud. Jouhe le*
» *vingt-sixième en Mai, mil cinq cens septante-neuf.*
» Signé : MEURGEY. »

A son retour de Corbeny, Antoine Courtot rapporta une relique de Saint Marcoul avec l'attestation suivante du prieur du monastère :

« Monsieur le curé, ayant trouvé Antoine Courtot bon et
« fidèle chrétien, dont je me suis émeut de vous envoyer par
« le susdit Courtot, un petit ossement de bras de Monseigneur
« saint Marcoul, lequel je vous prie affectueusement de com-
« mander à tous vos sujets, échevins d'Archelange, comme
« à Claude Charbot et Gérard Gardet et Jean Lainé le jeune,
» de le faire encaser en argent et à l'honorer comme à lui
« appartient, et en faire confrérie, mé recommandant à vous
« de bon cœur et comme le susdit Courtot vous dira de bouche.
« Priant Dieu le Créateur vous donner bonne et longue vie. »
« *De Corbeny, le douzième juin, mil cinq cens*
« *soixante et dix-neuf. Votre ami :*
« Signé : PHILIBERT MOËT. »

Le curé de Jouhe ayant écrit au prieur de Corbeny, si la relique rapportée par Antoine Courtot provenait réellement de la châsse de saint Marcoul, voici la réponse qui lui fut faite :

« Monsieur le curé et aussi messieurs les habitans d'Arche-
« lange, je reconnais que faites quelques difficultés de encaser
« l'ossement ou relique que je vous ai envoyé par dévotion à
« raison qu'avès plusieurs malades entichés des écrouelles ou

« autrement appelés Escroyers. Je vous assure et certifie sur
« mes Saints ordres que la dite relique qu'Antoine Courtot
« vous a porté est du Saint corps et un ossement de Saint
« Marcoul est tiré hors de la bière, ou chasse où repose
« mondit Seigneur Saint Marcoul.

« Partant ; messieurs vous ne ferez difficultés de la faire enca-
« ser et la mettre en quelque dignité, me recommandant à
« vos bonnes grâces, priant Dieu le Créateur, vous donner
« à tous bonne et longue vie me recommandant aux prières
« des gens de bien. Ce *septième Novembre mil cinq cens*
« *soixante et dix-neuf :*

Signé : PHILIBERT MOËT »

Après avoir donné le texte latin de l'acte de reconnaissance authentique de la relique, acte fait
par Monsieur Antoine Lullus vicaire général de
Monseigneur le Cardinal Claude de la Beaume,
archevêque de Besançon, le manuscrit se termine
par ces mots :

« *Collationnés aux originaux par nous escuyer,*
« *conseiller, sécretaire du Roi maison couronne de*
« *France.* »

» LALLEMAND DE LA CHASSAGNE. »

C'est donc de Corbeny que la paroisse d'Archelange a reçu la relique de saint Marcoul qu'elle
possède aujourd'hui. Quant à la dévotion à ce
grand saint, elle remonte à une époque très reculée
dans cette localité, puisque, déjà au seizième siècle,

elle envoyait des pèlerins à son tombeau, et qu'il y existe une fontaine qui, de temps immémorial, lui a été spécialement consacrée.

Dès l'an 1580, on savait déjà que la modeste Église d'Archelange, possédait une relique de saint Marcoul, et c'est à partir de cette époque, que les pieux fidèles ont aimé à venir se prosterner devant elle. Le pèlerinage qui s'y fait en l'honneur du Saint a lieu le premier Mai, le sept Juillet et le deux Octobre. Les pèlerins ont la louable habitude de faire bénir de l'eau et des linges pour les malades et de faire réciter un Évangile pour leur soulagement.

Ayez, pauvres infirmes, ayez la plus grande confiance en ce grand Saint, puisqu'il s'est fait votre spécial protecteur; dans son pauvre sanctuaire d'Archelange, il se plaît toujours à manifester sa bonté. La multitude des pèlerins qui y accourent, tant de messes d'actions de grâces que l'on y fait célébrer témoignent assez que son bras n'est pas raccourci, et qu'il n'oublie point ceux qui crient vers lui dans leur détresse.

Cependant pour vous mettre à même d'obtenir les grâces que vous sollicitez, il est important pour vous de savoir ce que c'est qu'un pèlerinage et quelle est la manière de le bien faire.

Or, on entend par pèlerinage un voyage accompli en esprit de dévotion dans un lieu ou un sanctuaire consacré par quelque souvenir particulier des mystères de la religion, des vertus de la sainte Vierge ou des saints, ou par quelques grâces spéciales obtenues par leur intercession.

L'usage des pèlerinages est très-ancien. Les premiers fidèles allaient visiter Jérusalem et les autres lieux saints de la Judée. Rome n'a pas plutôt vu la mort des saints apôtres Pierre et Paul et de tant de milliers de fidèles que les empereurs païens y avaient fait égorger, qu'une multitude innombrable s'y rend de toutes les parties du monde, pour y vénérer les tombeaux de ces glorieux athlètes de la foi.

De nos jours encore, en ces jours où il semble que l'indifférence religieuse a tout envahi, combien sont encore nombreux tous ces lieux bénis qui témoignent si bien de la confiance profonde des populations en l'efficacité des pèlerinages.

Mais un pèlerinage ne peut être un voyage d'agrément, il doit se faire en esprit de pénitence et par dévotion. Autrefois l'Église avait coutume de l'imposer comme œuvre satisfactoire. Les pénitents auxquels il était prescrit devaient marcher pieds-nus, la tête découverte, quelquefois même la corde au cou ou chargés de chaînes comme des malfaiteurs condamnés au dernier supplice.

Ils ne prenaient point d'aliments chauds, ne buvaient point de vin et passaient ordinairement la nuit en plein air.

Sans doute, on n'est pas obligé de reproduire ces admirables exemples d'une foi robuste et d'une ardente piété dans toute leur austérité ; toutefois, ils nous montrent clairement que nous devons toujours faire ces voyages par mortification et non point par curiosité ou fantaisie.

Un pèlerin sachant qu'une prière adressée à Dieu lui est d'autant plus agréable qu'elle s'échappe d'une âme plus pure comme d'un cœur mieux disposé doit, le jour de son voyage ou le jour de son arrivée au sanctuaire qu'il visite, mettre sa conscience en règle et la purifier par la réception des sacrements de pénitence et d'Eucharistie. Il comprend sans peine qu'une bonne confession et une sainte communion sont de nature à attirer sur sa démarche les bénédictions du ciel. Dans cette persuasion, c'est avec les larmes d'une véritable contrition qu'il accuse ses péchés, c'est dans un cœur vraiment bien préparé qu'il offre une demeure à son Dieu.

Comment alors le Seigneur pourrait-il refuser sa légitime demande à une âme qui a toutes ses complaisances et dans laquelle il a fixé le lieu de son repos et ses délices ? La prière du juste pénètre les cieux pour s'élever jusqu'au trône du Dieu trois fois saint ; la prière du pécheur ne s'élève au contraire un instant en haut que pour retomber misérablement à terre. Et de là, si quelquefois nos voyages n'obtiennent pas de succès, c'est ordinairement notre faute. Car, nous mettons obstacle aux bons desseins de la Providence sur nous, par notre négligence dans le service de Dieu, par notre peu de zèle dans l'accomplissement des devoirs de notre état, ou bien encore par une coupable obstination dans le péché.

CONFRÉRIE

EN L'HONNEUR DE SAINT MARCOUL.

ART. I. Le but de la confrérie établie en l'honneur de saint Marcoul est d'obtenir, par son intercession, le salut de chacun de ses membres et la guérison des malades.

ART. II. Les confrères s'appliqueront à imiter la patience du Bienheureux dans leurs peines, leurs épreuves et leurs maladies.

ART. III. Ils réciteront chaque jour un Pater et un Ave, avec l'invocation : *Saint Marcoul, salut des malades, priez pour nous.*

UNE INDULGENCE DE 40 JOURS Y EST ATTACHÉE.

ART. IV. A son entrée dans la confrérie, chaque membre versera, 0,35 centimes et 0,10 centimes chaque année. Cette somme servira à acquitter les messes et à entretenir dans un état de décence le monument élevé à saint Marcoul.

ART. V. La veille des trois fêtes, on chantera les Complies avec bénédiction du Saint-Sacrement. Le 30 Avril, il y aura une instruction spéciale pour les pèlerins.

ART. VI. Le 1ᵉʳ Mai, le 7 Juillet et le 2 Octobre, il sera célébré une messe pour tous les confrères.

ART. VII. UNE INDULGENCE DE 40 JOURS est accordée à tous ceux qui visiteront l'Eglise d'Archelange et qui feront la neuvaine ci-après, ou qui réciteront cinq *Pater* et cinq *Ave* avec les actes de Foi, d'Espérance, de Charité et de Contrition.

NEUVAINE

A SAINT MARCOUL

Prières à réciter pendant neuf jours

5 Pater. 5 Ave. 5 Gloria Patri.

V.   Bienheureux saint Marcoul, priez pour nous.

R.   Afin que nous soyons dignes des promesses de Jésus-Christ.

ORAISON.

Glorieux Saint qui, à l'exemple du Sauveur des hommes, avez marqué votre passage sur la terre par des bienfaits, en qui les affligés trouvaient un consolateur, les pauvres un soutien et une seconde Providence, vous, dont les malades n'ont jamais en vain réclamé le pouvoir auprès de Dieu ; jetez un regard de compassion sur ceux qu'une humble mais vive confiance attire devant vos précieuses reliques ; voyez leur affliction, et daignez comme vous l'avez fait tant de fois, renouveler en leur faveur les merveilles que vous opérâtes durant le cours de votre vie mortelle, par la grâce de Celui qui se plaît à faire éclater sa miséricorde et sa puissance dans ses fidèles serviteurs. Nous ne vous demandons pas seulement de nous obtenir la délivrance de nos infirmités corporelles; notre désir le plus ardent est d'être ausi délivrés de celles de notre âme, et d'obtenir la rémission de nos péchés, par une sincère conversion. Demandez-la pour nous, glorieux et puissant saint Marcoul; soyez tout à la fois notre médecin spirituel et corporel, en priant le Seigneur de faire descendre sur nous la grâce de la réconciliation et le bienfait d'une guérison parfaite, afin que pendant les jours de notre pèlerinage, tout ce qui est en nous bénisse et glorifie Celui qui est admirable dans ses saints, en attendant que nous ayons le bonheur d'aller partager l'éternelle félicité dont il les fait jouir dans le ciel : Par Jésus-Christ notre Seigneur, qui vit et règne avec le Père et le Saint-Esprit, dans tous les siècles des siècles.

Ainsi soit-il.